180 CASI RISOLTI IN LINGUA DAX

POWER BI

Business Intelligence

Ramón J. Castro

Non sappiamo quando pioverà o quanto cadrà, ma
quando piove sappiamo dove arriverà.

Indice

Introduzione

Questo libro è una guida rapida che raccoglie un totale di 180 casi di studio comuni in linguaggio DAX per una rapida risoluzione. Tutto il codice DAX raccolto nel libro può essere testato attraverso il file *180_Casos_Resueltos _en_Lenguaje_DAX.pbix* disponibile per il download:

www.facebook.com/180casosresueltosenlenguajedax

180 casi risolti in linguaggio DAX è la prima di quattro guide rapide alla risoluzione di casi in linguaggio DAX. Gli altri titoli sono:

- 90 Casi risolti per Time Intelligence in Dax
- 80 Casi risolti sulla statistica in Dax
- 60 casi risolti sulla finanza in Dax

Casi risolti

001. Creare la tabella CALENDARIO
Strumenti tabella > nuova tabella

```
Calendar =
ADDCOLUMNS (
        //data di inizio, data di fine
        CALENDAR ( MIN ( Sales[Date] ), TODAY () ),
        //Valori numerici
        "year", YEAR ( [Date] ),
        "month", MONTH ( [Date] ),
        "day", DAY ( [Date] ),
        "quarter", QUARTER ( [Date] ),
        "weekDay", WEEKDAY ( [Date] ),
        "weekNum", WEEKNUM ( [Date] ),
        //valori nel testo
        "monthName", FORMAT ( [Date], "MMM" ),
        "weekDayName", FORMAT ( [Date], "DDD" ),
        "quarterName", SWITCH ( QUARTER ( [Date] ), 1,
"First", 2, "Second", 3, "Third", 4, "quarter")
)
```

002. Creare una tabella vuota
Strumenti tabella > nuova tabella

```
Customer Complaints =
//Creare una tabella e inserire i dati
//nome della colonna, tipo di campo (INTEGER, DOUBLE,
STRING, BOOLEAN, CURRENCY, DATETIME)
DATATABLE (
        "Country", STRING,
        "Complaints", INTEGER,
        "Year", DATETIME,
```

//inserimento dei dati nei campi nell'ordine sopra indicato
        {
        { "Canada", 32, 2014 },
        { "Germany", 26, 2014 },
        { "France", 42, 2014 },
        { "Mexico", 18, 2014 },
        { "USA", 38, 2014 },
        { "Canada", 12, 2015 },
        { "Germany", 32, 2015 },
        { "France", 24, 2015 },
        { "Mexico", 30, 2015 },
        { "USA", 27, 2015 },
        { "Canada", 23, 2016 },
        { "Germany", 24, 2016 },
        { "France", 36, 2016 },
        { "Mexico", 27, 2016 },
        { "USA", 32, 2016 }
        }
)

003. Creare una tabella con valori unici da una colonna

Strumenti tabella > nuova tabella

Fields with unique values =
//sobre una columna
DISTINCT(Sales[Country])

004. Creare una tabella con righe uniche da una tabella

Strumenti tabella > nuova tabella

Rows with unique values =
//su una tabella restituisce righe univoche

DISTINCT(Sales)

005. Creare una tabella calcolata (1)
Strumenti tabella > nuova tabella

```
Total and Subtotal per category (1) =
//creare una tabella che raggruppi i subtotali per
categoria
SUMMARIZE(
        //tabella sorgente
        Sales,
         //colonna da raggruppare per
        ROLLUP(Sales[Contry]),
         //espressioni calcolate
        "Sum", SUM(Sales[ Sales]),
        "Avg", AVERAGE(Sales[ Sales])
)
```


006. Creare una tabella calcolata (2)
Strumenti tabella > nuova tabella

```
Total and Subtotal per category (2) =
//creare una tabella che raggruppi i subtotali in base a
varie categorie di uno o più filtri
SUMMARIZE(
    //tabella sorgente
    CALCULATETABLE(
        //tabella sorgente
        Sales,
        //applicazione di filtri alla tabella risultante
        //tabella, filtro
        FILTER(Sales, Sales[ Sales]>10000),
        FILTER(Sector, Sector[Sector]="Midmarket")
    ),
    //colonna da raggruppare per
```

```
ROLLUP(Sales[Country]),
//espressioni calcolate
"Sum", SUM(Sales[ Sales]),
"Avg", AVERAGE(Sales[ Sales])
)
```

007. Creare una tabella calcolata (3)
Strumenti tabella > nuova tabella

```
Total and Subtotal per category (3) =
//creare una tabella che raggruppi i subtotali per
categoria
SUMMARIZE(
        //tabella sorgente
        SUMMARIZE(
                //tabella sorgente
                Sales,
                //tabella risultante
                Sales[Country],
                Calendar[Year],
                Sales[ Sales]
        ),
        //colonna da raggruppare per
        ROLLUP('Calendar'[year]),
        //espressioni calcolate
        "Sum", SUM(Sales[ Sales]),
        "Avg", AVERAGE(Sales[ Sales])
)
```

008. Creare una tabella calcolata (4)
Strumenti tabella > nuova tabella

```
Total and Subtotal per >1 category (4) =
//creare una tabella che raggruppa i subtotali per varie
categorie
```

```
ADDCOLUMNS(
        //tabella sorgente
        SUMMARIZE(
                //tabella sorgente.
                Sales,
                //colonna da raggruppare per
                Sales[Country],
                Calendar[Year]
        ),
        //espressioni calcolate
        "Sum", CALCULATE(SUM(Sales[ Sales])),
        "Avg", CALCULATE(AVERAGE(Sales[ Sales]))
)
```


009. Creare una tabella calcolata (5)
Strumenti tabella > nuova tabella

```
Sales on 2016 =
//creare una tabella che soddisfi una condizione
CALCULATETABLE(
        //tabella sorgente
        Sales ,
        //filtro
        'Calendar'[year] = 2016
)
```


010. Creare una tabella calcolata (6)
Strumenti tabella > nuova tabella

```
Sales on Canada 2016 =
//crea una tabella che soddisfa più di una condizione
CALCULATETABLE (
        //table Fuente
        Sales,
        //filtro
```

```
        Sales[Country] = "Canada",
        'Calendar'[year] = 2016
)
```


011. Creare una tabella calcolata (7)
Strumenti tabella > nuova tabella

```
Sales to salesman per sector =
//creare una tabella selezionando colonne da un'altra
tabella
SELECTCOLUMNS (
        //tabella sorgente
        Sales,
        //nome delle nuove colonne, origine dei dati delle
        colonne
        "salesman", Sales[Salesman],
        "sector", Sales[Sector],
        "totalSales", SUM ( Sales[ Sales] )
)
```


012. Creare una tabella calcolata (8)
Strumenti tabella > nuova tabella

```
Sales to salesman per sector =
//creare una tabella selezionando le colonne da DUE o più
tabelle
//tabelle non correlate
SELECTCOLUMNS (
        //tabella sorgente
        Sales,
        //nome nuove colonne, origine dati colonna
        "country", Sales[Country],
        "tax", LOOKUPVALUE (
                //valore da estrarre
                'Country Tax'[Tax],
```

```
            //colonna di ricerca
            'Country Tax'[Country],
            //colonna de la que extraer el
            valor a buscar
            [Country]
        ),
    "totalSales", SUM ( Sales[ Sales] )
)
```

013. Creare una tabella calcolata (9)

Strumenti tabella > nuova tabella

```
Sales per country (1) =
//creare una tabella calcolata con il riepilogo delle vendite
per paese
SUMMARIZECOLUMNS (
    //tabella e colonne
    Sales[country],
    //nuova colonna, espressione
    "totalSales", SUM ( Sales[ Sales] ),
    "AvgSales", AVERAGEX('Sales', SUM ( Sales[ Sales] ) ),
    "Max Sales", MAXX('Sales', SUM ( Sales[ Sales] ) ),
    "Min Sales", MINX('Sales', SUM ( Sales[ Sales] ) ),
    "Sales Count", COUNTROWS('Sales')
)
```

014. Creare una tabella calcolata (10)

Strumenti tabella > nuova tabella

```
Sales to sector per country (2) =
//creare una tabella calcolata con il riepilogo delle vendite
per paese,
//filtro per un valore dalla stessa tabella
SUMMARIZECOLUMNS (
```

```
        //tabella e colonne
        Sales[country],
        //criterio
        FILTER ( Sales, Sales[Sector] = "Government" ),
        //colonne calcolate
        "totalSales", SUM ( Sales[ Sales] ),
        "AvgSales", AVERAGEX('Sales', SUM ( Sales[ Sales] ) ),
        "Max Sales", MAXX('Sales', SUM ( Sales[ Sales] ) ),
        "Min Sales", MINX('Sales', SUM ( Sales[ Sales] ) ),
        "Sales Count", COUNTROWS('Sales')
)
```

015. Creare una tabella calcolata (11)

Strumenti tabella > nuova tabella

```
Sales to Government sector per country in 2015 =
//creare una tabella calcolata con il riepilogo delle vendite
per paese,
//filtrare in base a un valore da un'altra tabella correlata
SUMMARIZECOLUMNS (
        //tabella e colonne
        Sales[country],
        //criterios
        FILTER ( Sector, Sector[Sector] = "Government" ),
        FILTER ( 'Calendar', 'Calendar'[year] = 2015),
        //colonne calcolate
        "totalSales", SUM ( Sales[ Sales] ),
        "AvgSales", AVERAGEX('Sales', SUM ( Sales[ Sales] ) ),
        "Max Sales", MAXX('Sales', SUM ( Sales[ Sales] ) ),
        "Min Sales", MINX('Sales', SUM ( Sales[ Sales] ) ),
        "Sales Count", COUNTROWS('Sales')
)
```

016. Creare una tabella calcolata (12)
Strumenti tabella > nuova tabella

```
Average sales amount per seller =
//creare una tabella raggruppata in base a una condizione
SELECTCOLUMNS (
        //tabella
        Salesman,
        //colonne nuove
        "Name", Salesman[Salesman],
        "Gender", Salesman[Gender],
        //RELATEDTABLE valuta un'espressione di tabella
        in un contesto modificato dai filtri specificati
        //tipo di relazione da "molti" a "uno"
        "AvgSales", AVERAGEX (
                //tabella
                RELATEDTABLE ( Sales ),
                //espressione
                Sales[ Sales] )
)
```

017. Creare una tabella calcolata (13)
Strumenti tabella > nuova tabella

```
Average sales amount per seller and gender M =
//creare una tabella raggruppata per più di una condizione
SELECTCOLUMNS (
        FILTER ( Salesman, Salesman[Gender] = "M" ),
        "Name", Salesman[Salesman],
        "Gender", Salesman[Gender],
        //RELATEDTABLE valuta un'espressione di tabella
        in un contesto modificato dai filtri specificati//tipo
        di relazione da "molti" a "uno"
        "Average sales", AVERAGEX ( RELATEDTABLE (
Sales ), Sales[ Sales] )
)
```

Strumenti tabella > nuova tabella

Total and Subtotal per >1 category (5) =
//creare una tabella che raggruppa i subtotali per varie
categorie da uno o più filtri
FILTER(
    ADDCOLUMNS(
        SUMMARIZE(
            //tabella sorgente
            Sales,
            //colonna da raggruppare per
            Sales[Country],
            Calendar[Year]
        ),
        //espressioni calcolate
        "Sum", SUM(Sales[Sales]),
        "Avg", AVERAGE(Sales[Sales])
    ),
    //utilizzare le colonne della tabella risultante
    come filtri
    AND([Sum] > 5000000, Sales[Country]="USA")
)

Strumenti tabella > nuova tabella

Total sales =
//creare una tabella a riga singola che mostri i valori
ottenuti da un'espressione
ROW (
    //nome colonna, espressione
    "Total sales", SUM (Sales[sales]),
    "Total COGS", SUM (Sales[COGS])
)

020. Creare una tabella con valori unici da un'altra tabella

Strumenti tabella > nuova tabella

Countries with sales =
//selezionare la tabella
//ottenere le righe con valori unici
VALUES(Sales)

021. Creare una tabella con valori univoci da una colonna contenuta in un'altra tabella

Strumenti tabella > nuova tabella

Countries with sales =
//seleziona tabella[colonna]
//ottenere la colonna con valori univoci
VALUES(Sales[contry])

022. Aggiungere una colonna da una tabella a un'altra tabella

Strumenti tabella > nuova colonna

Add province to sales =
//tabelle correlate
//creare una nuova colonna nella tabella Sales
RELATED(Country[Province])

023. Aggiungere una colonna da una tabella a un'altra tabella se soddisfa una condizione (1)

Strumenti tabella > nuova colonna

Sales in Niza =

```
//tabelle correlate
//creare una nuova colonna nella tabella Sales
//risponde a una condizione
IF(
        Sales[Country]="France",
        RELATED(Country[Province]),
        BLANK()
)
```

024. Aggiungere una colonna da una tabella a un'altra tabella se soddisfa più di una condizione (2)

Strumenti tabella > nuova colonna

```
Sales in Niza in 2016 =
//tabelle correlate
//creare una nuova colonna nella tabella Sales
//risponde a più di una condizione
IF(
    //condizione
    AND(
      Sales[Country]="France",
      Sales[Date]=2016 ),
    //risultato positivo
    RELATED(Country[Province]),
    //risultato negativo
    BLANK()
)
```

025. Aggiungere una colonna da una tabella non correlata a un'altra tabella

Strumenti tabella > nuova colonna

```
Tax by sale (4) =
//tabelle non correlate
```

```
//creare una nuova colonna nella tabella "Sales"
//prendiamo i dati fiscali dalla tabella "Country Tax"
LOOKUPVALUE(
        //valore da estrarre
        'Country Tax'[Tax],
        //colonna di ricerca
        'Country Tax'[Country],
        //colonna da cui estrarre il valore da ricercare
        Sales[Country]
)
```

026. Aggiungere una colonna da una tabella a un'altra tabella se soddisfa più di una condizione (1)

Strumenti tabella > nuova colonna

```
//tabelle non correlate
//creare una nuova colonna nella tabella Sales
//prendiamo i dati fiscali dalla tabella Country Tax
//una condizione deve essere soddisfatta
Tax by sale in Germany (5) =
IF(
        Country2[Country] = "Germany",
        LOOKUPVALUE(
                //valore da estrarre
                'Country Tax'[Tax],
                //colonna di ricerca
                'Country Tax'[Country],
                //colonna de la que extraer el valor a
                buscar
                Sales[Country]
        ),
        BLANK()
)
```

027. Aggiungere una colonna da una tabella a un'altra tabella se soddisfa più di una condizione (2)

Strumenti tabella > nuova colonna

```
Tax by sale in Germany and Canada(6) =
//tabelle non correlate
//creare una nuova colonna nella tabella Sales
//prendiamo i dati fiscali dalla tabella Country Tax
//più di una condizione deve essere soddisfatta
IF(
        Country2[Country] IN {"Germany","Canada"},
        LOOKUPVALUE(
            //valore da estrarre
            'Country Tax'[Tax],
            //colonna di ricerca
            'Country Tax'[Country],
            //colonna da cui estrarre il valore da
            ricercare
            Sales[Country]
        ),
        BLANK()
)
```

028. Calcolo del cumulo per record

Strumenti tabella > nuova colonna

```
CashFlow by Reg=
//valore del saldo di cassa per transazione
//espressione, filtro
CALCULATE (
    SUM ( CashFlow[Movement] ),
    FILTER (
        CashFlow,
        CashFlow[Reg] <= EARLIER ( CashFlow[Reg] )
    ))
```

029. Calcolo del cumulato per unità di tempo (1)

Strumenti tabella > nuova colonna

```
CashFlow by Date =
//valore del saldo di cassa per transazione
//espressione, filtro
CALCULATE (
        SUM ( CashFlow[Movement] ),
        FILTER (
            CashFlow,
            CashFlow[Date] <= EARLIER ( CashFlow[Date] )
        )
)
```

030. Calcolo del cumulato per unità di tempo (2)

Modellazione > nuova misura

```
Sales_2016 =
 //calcolo di un'espressione che non è influenzata da filtri
contestuali
//espressione,filtro
CALCULATE (
        SUM ( Sales[ Sales] ),
        FILTER (
        //ALL evita l'applicazione di filtri contestuali al di
        fuori dell'espressione
                ALL ( Sales ),
                RELATED ( 'Calendar'[year] ) = 2016
        )
)
```

031. Calcolo del cumulato per unità di tempo (3)
Modellazione > nuova misura

```
Sales by Year =
//calcolo di un'espressione non influenzata da filtri
contestuali
//espressione,filtro
CALCULATE (
        SUM ( Sales[ Sales] ),
        FILTER (
                //ALL evita l'applicazione di filtri
                contestuali al di fuori dell'espressione
                ALL ( Sales ),
                Sales[Date] <= MAX(Sales[Date])
        )
)
```

032. Conteggio di un singolo valore (1)
Modellazione > nuova misura

```
Number sales to Canada (1) =
//calcolo del numero di volte in cui un valore viene
ripetuto
//espressione,filtro
CALCULATE (
        COUNT ( Sales[ Sales] ),
        //se influenzato dai filtri contestuali
        Sales[Country] = "Canada"
)
```

033. Conteggio di un singolo valore (2)
Modellazione > nuova misura

```
Number sales to Canada (2) =
```

```
//calcolo del numero di volte in cui un valore viene
ripetuto
//espressione,filtro
CALCULATE (
        COUNT ( Sales[ Sales] ),
        //non influenzato dai filtri contestuali
        FILTER (
                ALL ( Sales ),
                Sales[Country] = "Canada"
        )
)
```

034. Conteggio di un singolo valore (3)

Modellazione > nuova misura

```
Number sales to Canada >5000 (3) =
//calcolo del numero di volte in cui un valore viene
ripetuto que cumple più di una condizione
//espressione,filtro
CALCULATE(
        COUNT([Sales]),
        FILTER(
                //non influenzato dai filtri contestuali
                ALL(Sales),
                AND(
                    Sales[Country]="Canada",
                    Sales[Sales]>5000
                )
        )
)
```

035. Conteggio di un singolo valore (4)

Modellazione > nuova misura

```
Number contries -sales (1) =
```

```
//conta il numero di valori unici
//affetto filtri contestuali
DISTINCTCOUNT(Sales[Country])
```

036. Conteggio di un singolo valore (5)
Modellazione > nuova misura

```
Number contries -sales (2) =
//conta il numero di valori unici
//non influisce sui filtri contestuali
CALCULATE(
        //conta i valori singoli in formato testo
        DISTINCTCOUNTA(Sales[Country]),
        ALL(Sales)
)
```

037. Conteggio di un singolo valore (6)
Modellazione > nuova misura

```
Numbers of products sold (2) =
COUNTX(
        //utilizziamo FILTER per restituire una tabella
        FILTER(
            ALL(Sales),
            RELATED( Product [Product]) = Sales[Product]
        ),
        Sales[ Sales]
)
```

038. Conteggio di un singolo valore (7)
Modellazione > nuova misura

```
Numbers of products sold (3) =
```

//espressione, filtro
CALCULATE(
        //conta i valori singoli in formato testo - ignorare i
campi vuoti
        DISTINCTCOUNTNOBLANK(Sales[Product]),
        //specifica la direzione del filtro da utilizzare tra
        due tabelle
        CROSSFILTER(
                'Product'[Product],
                Sales'[Product],
                Both
)
)

039. Conteggio di un singolo valore (8)
Modellazione > nuova misura

Numbers of products sold (4) =
//espressione, filtro
CALCULATE(
        //conta i singoli valori in formato testo - ignora i
        campi vuoti
        DISTINCTCOUNTNOBLANK(Sales[Product]),
        TREATAS(
                //tabella filtro
                Country_3 ,
                //tabella su cui viene applicato il filtro
                'Country Tax'[Country]
)
)

040. Conteggio dei valori per ogni categoria
Strumenti tabella > nuova tabella

Numbers of products sold (5) =

```
//conta il numero di valori utilizzando una seconda tabella
come filtro
//tabella da cui vengono estratti i dati
SUMMARIZE(
        Sales,
        //colonna dati
        Sales[Product],
        //colonna creata
        "numberSales", COUNTA(Sales[Product])
)
```

041. Conteggio di singoli valori per ogni categoria

Strumenti tabella > nuova tabella

```
Numbers of products sold (6) =
//conta il numero di valori unici utilizzando una seconda
tabella come filtro
//tabella da cui vengono estratti i dati
SUMMARIZE(
        Sales,
        //colonna dati
        Sales[Product],
        //colonna che creiamo tra " " espressione
        "numberSales", DISTINCTCOUNT(Sales[Product])
)
```

042. Conteggio dei valori di una categoria (1)

Modellazione > nuova misura

```
Number of sales to Germany (1) =
//conta le righe di una categoria. I filtri contestuali
influiscono.
//espressione, filtro
CALCULATE(
```

```
//espressione: conta righe
COUNTROWS(Sales),
//filtro: per paese Germania
Sales[Country]="Germany"
)
```

043. Conteggio dei valori di una categoria (2)
Modellazione > nuova misura

```
Number of sales to Germany (2) =
//conta le righe di una categoria.
//non influenzato dai filtri contestuali.
//espressione, filtro
CALCULATE(
        COUNTROWS(Sales),
        FILTER(
          //ALL evita di essere influenzati dai filtri
          contestuali
          ALL(Sales),
          Sales[Country]="Germany"
        )
)
```

044. Conteggio dei valori di una categoria (3)
Modellazione > nuova misura

```
Number of sales to Germany (3) =
//conta le righe in una categoria, ignorando le righe con
record vuoti
//non influenzato dai filtri contestuali.
//espressione, filtro
CALCULATE (
        //espressione: conta righe, ignorando las que
        tienen algun campo en blanco
```

```
COUNTROWS ( Sales ),
//filtro: per paese Germania
FILTER (
        //tabella o espressione che restituisce una
        tabella
        ALLNOBLANKROW ( Sales ),
        //campo filtrato
        Sales[Country] = "Germany"
    )
)
```

045. Conteggio dei campi pieni
Modellazione > nuova misura

```
Number of NO blanks =
//conta il numero di valori, scartando i campi vuoti
//expression, filtro
CALCULATE(
        COUNT( Sales[Discounts]) ,
        NOT( ISBLANK(Sales[Discounts]) )
)
```

046. Conteggio dei campi vuoti
Modellazione > nuova misura

```
Number of blanks =
//conta i campi vuoti in una colonna.
//affetto filtri contestuali
COUNTBLANK(Sales[Discounts])
```

047. Conteggio del numero di volte in cui ogni valore di una categoria viene ripetuto

Strumenti tabella > nuova colonna

```
Sales per Product (1) =
//conta il numero di volte in cui ogni valore è ripetuto
COUNTROWS(
        //tabella o espressione che restituisce una tabella
        FILTER(
                Sales,
                Sales[Product] = EARLIER(Sales[Product])
        )
)
```

048. Numero di volte in cui viene ripetuto ogni valore di una categoria che soddisfa una condizione

Strumenti tabella > nuova colonna

```
Sales per Product (1) =
//conta il numero di volte in cui ogni valore è ripetuto
IF(
        //condizione
        Sales[Product] = "Mouse" ,
        //risultato positivo
        COUNTROWS(
                //tabella o espressione che restituisce una
                tabella
                FILTER(
                Sales,
                Sales[Product] = EARLIER(Sales[Product])
                )
        ),
        //risultato negativo
        BLANK()
)
```

049. Calcolo del totale
Modellazione > nuova misura

Total sales (1) =
//se influenzato dai filtri contestuali
SUM (Sales[Sales])

050. Calcolo del totale
Modellazione > nuova misura

Total sales (2) =
//espressione, filtro
CALCULATE(
        SUM(Sales[Sales]),
        //ALL evita l'applicazione di filtri contestuali al di
        fuori dell'espressione
        ALL(Sales)
)

051. Calcolo del totale per categoria (1)
Strumenti tabella > nuova tabella

Sales per Country and Sector =
//restituisce una tabella come risultato

VAR gSales = SUM(Sales[Sales])

VAR gTaxes = SUM(Sales[Sales])*Sales[Tax]

RETURN

SUMMARIZE (
        //tabella a partir de la cual vamos a calcular la(s)

```
        medida(s)
        Sales,
        //colonne che comporranno la tabella
        Sales[Country],
        Sales[Tax],
        Sales[Sector],
        //creiamo le colonne in cui verranno calcolate le
        misure
        "grossSale", gSales,
        "netTax", gTaxes,
        "netSale", gSales – gTaxes
)
```

052. Calcolo del totale per categoria (2)

Strumenti tabella > nuova tabella

```
Sales per Sector in France =
//restituisce una tabella come risultato
CALCULATETABLE(
        //tabella o espressione che restituisce una tabella
        SUMMARIZE (
                // tabella da cui calcoleremo le misure
                Sales,
                //colonne che comporranno la tabella
                Country Tax[Country],
                Sector[Sector],
                //creiamo le colonne in cui verranno
                calcolate le misure
                "totalSales", SUM ( Sales[ Sales] )
        ),
        //filtro
        'Country Tax'[Country] = "France"
)
```

053. Calcolo del totale per categoria (3)
Strumenti tabella > nuova tabella

```
Sales per Midmarket Sector in France =
//restituisce una tabella come risultato
SUMMARIZE (
  CALCULATETABLE(
    //tabella o espressione che restituisce una tabella
    Sales,
    //filtro
    FILTER( Sector, Sector[Sector]="Midmarket"),
    FILTER('Country  Tax','Country Tax'[Country]="France")
  ),
  //colonne
  Category[Category],
  "totalSales", SUM ( Sales[ Sales] ),
  "AvgSales", AVERAGEX( Sales, SUM ( Sales[ Sales] ) ),
  "Max Sales", MAXX( Sales, SUM ( Sales[ Sales] ) ),
  "Min Sales", MINX( Sales, SUM ( Sales[ Sales] ) ),
  "Sales Count", COUNTROWS( Sales )
)
```

054. Calcolo del subtotale per categoria (1)
Strumenti tabella > nuova tabella

```
Subtotal per Salesman and Sector (1) =
//le colonne sono tratte da diverse tabelle correlate
//all'inizio della tabella è riportato il subtotale per settore
e venditore
//alla fine della tabella il totale per venditore
SUMMARIZECOLUMNS(
        ROLLUPADDISSUBTOTAL(
                Sales[Sector],
                "subtotal",
                Sales
```

),
        Salesman[Salesman],
        "Sales", SUM(Sales[Sales])
)

055. Calcolo del subtotale per categoria (2)
Strumenti tabella > nuova tabella

Subtotal per country (2) =
//le colonne sono prese da un'unica tabella
//all'inizio della tabella è riportato il subtotale per settore
e venditore
//alla fine della tabella il totale per venditore
SUMMARIZE(
        Sales,
        Sales[Salesman],
        ROLLUPGROUP(Sales[Sector]),
        "Sales", SUM(Sales[Sales])
)

056. Raggruppare i risultati per N categorie
Strumenti tabella > nuova tabella

Sales per salesman and country =
//funziona da sola, in combinazione con altre funzioni
iteratrici (SUMX,AVERAGEX,..)
GROUPBY (
        //tabella in cui vengono eseguiti i calcoli
        Sales,
        //colonne per le quali raggruppare i calcoli
        'Country Tax'[Country],
        Salesman[Salesman],
        //colonna(s) que contendra el calculo
        //GROUP BY funziona sempre con

```
            CURRENTGROUP
            "totalSales", SUMX (
                        CURRENTGROUP (),
                        SUM ( Sales[ Sales] )
                )
)
```

057. Confronto tra due stringhe di testo della stessa tabella

Strumenti tabella > nuova colonna

```
Compare two text strings (1) =
//confronta due stringhe di valori
//distingue tra lettere maiuscole e minuscole
EXACT(Sales[Gross Sales],Sales[ Sales])
```

058. Confronto tra due stringhe di testo di una tabella diversa

Strumenti tabella > nuova colonna

```
Compare two text strings (2) =
//confronta due stringhe di valori da due tabelle correlate
//distingue tra lettere maiuscole e minuscole
EXACT(
        Country_2[Country] ,
        RELATED('Country Tax'[Country])
)
```

059. Valori non corrispondenti tra due tabelle correlate

Strumenti tabella > nuova tabella

Countries without sales =
//restituisce una tabella con valori unici
VAR countriesWithSales = VALUES(Sales[Country])

//restituisce una tabella con valori univoci
VAR countriesTable = VALUES(Country_2[Country])

RETURN

//restituisce una tabella con i valori presenti nella prima
tabella e non nella seconda tabella
//tabella filtrata, tabella filtro
EXCEPT(
        countriesTable,
        countriesWithSales
)

060. Valori non corrispondenti tra due tabelle non
correlateValores no coincidentes entre dos tablas no
relacionadas
Strumenti tabella > nuova tabella

Countries without sales (2) =
//restituisce una tabella con valori univoci
VAR countriesWithSales = VALUES(Sales[Country])

//restituisce una tabella con valori univoci
VAR countriesTable = VALUES(Country_2[Country])

RETURN

//tabella, espressione
CALCULATETABLE(
        //tabella filtrata, tabella filtro

```
        EXCEPT(
                countriesTable,
                countriesWithSales
        ),
         TREATAS(
                //tabella filtro
                Country_3 ,
                //tabella su cui viene applicato il filtro
                'Country Tax'[Country]
        )
)
```

061. Valori corrispondenti tra due tabelle non correlate

Strumenti tabella > nuova tabella

```
Matching countries =
/matching di valori tra due tabelle non correlate
//restituisce una tabella senza valori duplicati
INTERSECT (
        VALUES (Country_3[Country] ),
        VALUES ( Country_2[Country] )
)
```

062. Valori corrispondenti tra due tabelle correlate

Strumenti tabella > nuova colonna

```
Matching values =
//ricerca i valori corrispondenti della prima tabella nella
seconda tabella
//tabelle correlate
EXACT(
        Country_2[Country] ,
```

        RELATED('Country Tax'[Country])
)

063. Arrotondare una cifra per eccesso specificando il numero di decimali
Strumenti tabella > nuova colonna

ROUND UP (2) =
//arrotonda un numero lontano da zero
//tabella[colonna], numero_decimale
ROUNDUP(Sales[Profit],2)

064. Arrotondare una cifra per difetto specificando il numero di cifre decimali
Strumenti tabella > nuova colonna

ROUND DOWN (2) =
//arrotonda un numero verso lo zero
//tabella[colonna], numero_decimale
ROUNDDOWN(Sales[Profit],2)

065. Arrotondare una cifra per difetto specificando il numero di decimali
Strumenti tabella > nuova colonna

ROUND =
//arrotonda un numero al numero di cifre decimali
specificato
//tabella[colonna], decimali
ROUND(Sales[Profit],2)

066. Arrotondamento di una cifra al multiplo significativo più vicino (1)

Strumenti tabella > nuova colonna

ROUND DOWN (1) =
//arrotonda un numero al multiplo significativo più vicino verso il basso
//tabella[colonna], valore_moltiplicato
FLOOR(Sales[Profit],0.10)

067. Arrotondare una cifra per eccesso al multiplo significativo più vicino (2)

Strumenti tabella > nuova colonna

ROUND UP (1) =
//arrotonda un numero al multiplo significativo più vicino verso l'alto
//tabella[colonna], valore_moltiplicato
CEILING(Sales[Profit],0.10)

068. Arrotondare una cifra per difetto al numero intero più vicino uguale o inferiore al numero intero più vicino (1)

Strumenti tabella > nuova colonna

ROUND DOWN (1) =
//arrotonda un numero al più vicino numero intero uguale o inferiore
//tabella[colonna]
INT(Sales[Profit])

069. Restituire la parte intera di un numero decimale
Strumenti tabella > nuova colonna

```
ROUND (1) =
//restituisce la parte intera di un numero
//tabella[colonna]
TRUNC(Sales[Profit])
```


070. Aggiungere un'eccezione ai risultati restituiti da una misura (1)
Modellazione > nuova misura

```
Total sales without USA =
//condizione, se vero, mostra il risultato_1, se non vero,
mostra il risultato_2
IF (
//HASONEVALUE restituisce TRUE o FALSE per ogni campo
in una colonna indipendentemente dal fatto che contenga
o meno un valore
HASONEVALUE ( Sales[Country] ),
        IF ( VALUES ( Sales[Country] ) <> "USA",
                SUM(Sales[ Sales]),
                BLANK ()
        ),
        CALCULATE(
                //expression, filtro
                SUM(Sales[ Sales]),
                Sales[Country] <> "USA"
        )
)
```

071. Aggiungere un'eccezione ai risultati restituiti da
una misura (2)
Modellazione > nuova misura

```
Total sales USA and Germany =
//condizione, se vero, mostra il risultato_1, se non vero,
mostra il risultato_2
IF (
//HASONVALUE scarta i campi vuoti all'interno di
Sales[Country]
        HASONEVALUE ( Sales[Country] ),
        IF (
         VALUES ( Sales[Country] ) IN {"USA","Germany"} ,
         SUM(Sales[ Sales]),
         "Not included"
        ),
        CALCULATE(
                //expression, filtro
                SUM(Sales[ Sales]),
                Sales[Country] IN {"USA","Germany"}
        )
)
```

072. Calcolo di un'espressione solo se sono
selezionate una o N condizioni specifiche
Modellazione > nuova misura

```
Sales Germany 2016 =
/calcolo di un'espressione solo se una o più condizioni
specifiche sono selezionate
IF (
        //condizione
        SELECTEDVALUE ( 'Calendar'[Year] ) = 2016 &&
        SELECTEDVALUE ( Sales[Country] ) = "Germany",
        //risultato se la condizione è soddisfatta
```

```
            SUM ( Sales[ Sales] ),
            //risultato se la condizione non è soddisfatta
            BLANK ()
)
```

073. Escludere dal calcolo le righe contenenti campi vuoti

Strumenti tabella > nuova colonna

```
Net sale with discount =
//le righe contenenti celle vuote nelle colonne specificate
sono escluse dal calcolo
IF (
        //condizione
        AND (
                Sales[Gross Sales] <> BLANK() ,
                Sales[Discounts] <> BLANK()
        ),
        //risultato se la condizione è soddisfatta
        Sales[Gross Sales] - Sales[Discounts],
        //risultato se la condizione non è soddisfatta
        BLANK ()
)
```

074. Mostrare tutti i valori anche se sono zeri

Strumenti tabella > nuova colonna

```
Discounts (1) =
//in un grafico mostra tutti i valori anche se sono zeri
//in una tabella sostituire i valori vuoti in una colonna con
degli zeri
Sales[Discounts] + 0
```

075. Valore massimo di un totale

Modellazione > nuova misura

```
Total best selling product (5) =
//calcolare il totale del prodotto più venduto
//creare una variabile che ottenga una tabella riassuntiva
in base alle vendite totali del prodotto
VAR baseTable =
        SUMMARIZE(
                //tabella
                Sales,
                //colonna
                Sales[Product],
                //espressione
                "totalSale",SUM(Sales[ Sales])
        )

RETURN

MAXX(
        //tabella
        baseTable,
        //espressione
        [totalSale]
)
```

076. Nome del campo del valore massimo di un totale

STEP.1
Continuando con l'esempio precedente, scopriamo il nome del prodotto più venduto. Per farlo, dobbiamo prima eseguire il punto 0.75.

STEP.2
Strumenti tabella > nuova tabella

```
Summary table =
SUMMARIZE(
        Sales,
        Sales[Product],
        "totalSale", SUM(Sales[ Sales])
)
```

STEP.3
Modellazione > nuova misura

```
Top selling product name =
//colonna_risultato, colonna_ricerca, espressione,
risultato_se_non_è_trovato
LOOKUPVALUE(
        'Summary table'[Product],
        'Summary table'[totalSale],
        [Total best selling product (5)],
        "There is more than one value"
)
```

077. Creare una misura filtrando il risultato da N tabelle correlate (1)

Modellazione > nuova misura

```
Sales France 2016 (1) =
// creare una misura (iteratore) filtrando il risultato da
diverse tabelle correlate
SUMX(
        //tabella
        FILTER(
           Sales,
           AND(
```

```
            RELATED ( 'Country Tax'[Country] ) = "France",
            RELATED ( 'Calendar'[year] ) = 2016
        )
    ),
    //expression
    Sales[ Sales]
)
```

078. Creare una misura filtrando il risultato da N tabelle correlate (2)

Modellazione > nuova misura

```
Sales France 2016 (2) =
//creare una misura (non iteratore) filtrando il risultato da
diverse tabelle correlate
CALCULATE (
        //expression
        SUM ( Sales[ Sales] ),
        //filtro
        FILTER (
           Sales,
           AND (
              RELATED ( 'Country Tax'[Country] ) = "France",
              RELATED ( 'Calendar'[year] ) = 2016
           )
        )
)
```

079. Ottenere un campione N da un campo specifico

Strumenti tabella > nuova tabella

```
Sales sample  =
//ottenere un campione casuale dei valori di una riga
//dimensione_campione, tabella, colonna, ordine
```

SAMPLE (10, Sales, Sales[Sales ID], ASC)

080. Ottenere un campione N da un campo specifico che soddisfa N condizioni
Strumenti tabella > nuova tabella

```
Sales sample Germany 2016 =
//ottenere un campione casuale dei valori di una colonna
che soddisfano una o più condizioni
CALCULATETABLE(
        //tabella
        //dimensione_campione, tabella, colonna, ordine
        SAMPLE(10, Sales, Sales[Sales ID], ASC),
        //filtro
        FILTER(
                Sales,
                AND(
                    Sales[Country]="Germany",
                    RELATED('Calendar'[year])=2016
                )
        )
)
```


081. Creare una colonna o una misura che soddisfi una condizione rispetto a un'altra colonna (1)
Strumenti tabella > nuova colonna

```
Sales type (2) -BOOLE =
//creare una colonna che soddisfa una condizione rispetto
a un'altra colonna
IF(
        //condizione
        Sales[ Sales]<15000,
        //risultato se la condizione è soddisfatta
```

```
//tabella[colonna], espressione, risultato,
espressione, risultato, risultato..., resto
SWITCH(
        TRUE(),
        Sales[Country]="Canada","LOW",
        Sales[Country]="Germany","NORMAL",
        Sales[Country]="France","LOW",
        Sales[Country]="UK","LOW",
        Sales[Country]="USA","LOW",
        Sales[Country]="Mexico","NORMAL",
        "Unknow"
),
//risultato se la condizione non è soddisfatta
IF(
        //condizione
        AND(
           Sales[ Sales]>15001,
           Sales[ Sales]<30000
        ),
        //risultato se la condizione è soddisfatta
        //tabella[colonna], espressione, risultato,
        espressione, risultato, risultato..., resto
    SWITCH(
        TRUE(),
        Sales[Country]="Canada","NORMAL",
        Sales[Country]="Germany","HIGH",
        Sales[Country]="France","NORMAL",
        Sales[Country]="UK","HIGH",
        Sales[Country]="USA","NORMAL",
        Sales[Country]="Mexico","HIGH",
        "Unknow"
    ),
        //risultato se la condizione non è
        soddisfatta
        IF(
           //condizione
           Sales[ Sales]>3001,
```

```
            //risultato se la condizione è
            soddisfatta
            //tabella[colonna], espressione,
            risultato, espressione, risultato..., resto
            SWITCH(
                TRUE(),
                Sales[Country]="Canada","HIGH",
                Sales[Country]="Germany","HIGH",
                Sales[Country]="France","HIGH",
                Sales[Country]="UK","HIGH",
                Sales[Country]="USA","HIGH",
                Sales[Country]="Mexico","HIGH",
                "Unknow"
            ),
            // risultato se la condizione non è
            soddisfatta
            BLANK()
        )
    )
)
```

082. Creare una colonna o una misura che soddisfi una condizione rispetto a un'altra colonna (2)

Strumenti tabella > nuova colonna

```
Continent (1) =
//creare una colonna che soddisfa una condizione rispetto
a un'altra colonna
SWITCH(
        TRUE(),
        Sales[Country]="Canada","AMERICA",
        Sales[Country]="Germany","EUROPE",
        Sales[Country]="France","EUROPE",
        Sales[Country]="UK","EUROPE",
        Sales[Country]="USA","AMERICA",
        "Unknow"
```

)

083. Creare una colonna o una misura che soddisfi una condizione rispetto a un'altra colonna (3)
Strumenti tabella > nuova colonna

```
Continent (2) =
//creare una colonna che soddisfa una condizione rispetto
a un'altra colonna
SWITCH(
        Sales[Country],
        "Canada","AMERICA",
        "Germany","EUROPE",
        "France","EUROPE",
        "UK","EUROPE",
        "USA","AMERICA",
        "Unknow"
)
```


084. Creare una tabella che filtri i valori per uno slicer
Strumenti tabella > nuova tabella

```
Filtered by country =
//ottiene i valori dei filtri per un "slicer"
FILTERS(Sales[Country])
```


085. Classificare N concetti (1)
Strumenti tabella > nuova tabella

```
Top 2 products sales (1) =
//nome dei 2 prodotti più venduti
//creiamo una variabile che restituisca una tabella
VAR salesPerProduct =
```

```
SUMMARIZE (
        Sales,
        Sales[Product],
        "totalSales", SUM ( Sales[ Sales] )
    )

RETURN

TOPN ( 2, salesPerProduct, [totalSales] )
```

086. Classificare N concetti (2)
Modellazione > nuova misura

```
Top 2 products sales (2) =
//valore totale delle vendite dei 2 prodotti più venduti
//impostiamo per il calcolo della tabella ottenuta al punto
0.85
SUM('Top 2 products sales (1)'[totalSales])
```

087. Classificare N concetti (3)
Strumenti tabella > nuova tabella

```
Top 2 products sales in Canada =
VAR salesPerProduct =
CALCULATETABLE(
        //tabella
        SUMMARIZE (
                Sales,
                'Calendar'[year],
                Sales[Country],
                Sales[Product],
                "totalSales", SUM ( Sales[ Sales] )
        ),
        //filtro
        Sales[Country] = "Canada"
```

)

RETURN

TOPN (2, salesPerProduct, [totalSales])

088. Classificare N concetti (4)
Modellazione > nuova misura

Salesman ranking (1) =
//restituisce la posizione in classifica di ogni valore
risultante
IF(
        HASONEVALUE(Sales[Salesman]),
        //risultato se la condizione è soddisfatta
        RANKX(ALL(Sales[Salesman]),[Total Sales],,DESC),
        //risultato se la condizione non è soddisfatta
        BLANK()
)

089. Classificare N concetti (5)
Modellazione > nuova misura

Salesman ranking (2) =
//mostra la classifica dei venditori per l'anno selezionato
//indipendentemente dal resto dei filtri di contesto
CALCULATE(
        //expression
        IF(
                //condizione
                HASONEVALUE(Sales[Salesman]),
                //risultato se la condizione è soddisfatta
                RANKX(
                        ALL(Sales[Salesman]),
                        [Total Sales],,DESC

```
        ),
        //risultato se la condizione non è
        soddisfatta
        BLANK()
    ),
    //filtro
    ALLSELECTED('Calendar'[year])
)
```

090. Classificare N concetti (6)

Modellazione > nuova misura

```
Salesman ranking (3) =
IF(
        //condizione
        ISINSCOPE(Sales[Product]),
        //risultato se la condizione è soddisfatta
        RANKX(
                ALL(Sales[Product]),
                [Total Sales]
        ),
        //risultato se la condizione non è soddisfatta
        IF(
                //condizione
                ISINSCOPE(Sales[Category]),
                //risultato se la condizione è soddisfatta
                RANKX(
                        ALL(Sales[Category]),
                        [Total Sales]
                )
        )
)
```

Modellazione > nuova misura

```
Bottom Ranked Products =
//classifica dei tre prodotti con meno vendite
VAR SalesTable =
FILTER(
        VALUES('Product'[Product]),
        [Total Sales] > 0
)

RETURN

CONCATENATEX(
        TOPN(
                3,
                SalesTable,
                [Total Sales],
                ASC
        ),
        'Product'[Product],
        ", "
)
```

092. Forzare una seconda relazione tra tabelle
Modellazione > nuova misura

```
Sales per date2 (1) =
//forza una seconda relazione tra le tabelle
//in Power BI andare su relazioni e trascinare con il mouse
il campo "Calendar[Date]" sul campo "Sales[Date2]"
//espressione,filtro
CALCULATE (
        //espressione
        SUM ( Sales[ Sales] ),
        //filtro
```

```
//tipo di relazione da "molti" a "uno"
USERELATIONSHIP ( Sales[Date2], Calendar[Date] )
)
```

093. Riempire gli spazi vuoti di una colonna con degli zeri (1)
Modellazione > nuova misura

```
Discount Blank (1) =
/riempire i campi vuoti di una colonna con degli zeri
//restituisce la prima espressione non valutata come
BLANK
COALESCE( SELECTEDVALUE( Sales[Discounts] ), 0)
```

094. Riempire gli spazi vuoti di una colonna con degli zeri (2)
Modellazione > nuova misura

```
Discount Blank (2) =
//impedisce che il risultato di un'espressione sia un campo
vuoto
//restituisce la prima espressione non valutata come
BLANK
//condizione, risultato positivo, risultato negativo
IF(
        //condizione
        ISBLANK(SELECTEDVALUE( Sales[Discounts] ) ),
        //risultato se la condizione è soddisfatta
        0,
        //risultato se la condizione non è soddisfatta
        SELECTEDVALUE(Sales[Discounts])
)
```

095. Creare una colonna o una misura non influenzata dai filtri contestuali
Modellazione > nuova misura

```
Netop V10 sales =
//calcolare un risultato per una colonna senza essere
influenzato da alcun filtro di contesto
//espressione,filtro
CALCULATE (
        SUM ( Sales[ Sales] ),
        //la funzione ALL evita l'applicazione di qualsiasi
        filtro di contesto
        ALL ( Sales )
)
```

096. Creare una colonna o una misura con N condizioni filtrate dalla stessa tabella
Modellazione > nuova misura

```
Total sales Germany/Tower (1) =
//l'applicazione del comando ALL a diverse tabelle su cui si
vuole applicare una condizione
//espressione,filtro
CALCULATE(
        SUM(Sales[ Sales]),
        FILTER(
                ALL(Sales),
                AND(
                        Sales[Country] = "Germany",
                        Sales[Product] = "Tower"
                )
        )
)
```

097. Creare una colonna o una misura con N
condizioni filtrate da più tabelle
Modellazione > nuova misura

```
Total sales Germany/Tower (2) =
//l'applicazione del comando ALL a diverse tabelle su cui si
vuole applicare una condizione
CALCULATE(
    //espressione
    SUM(Sales[ Sales]),
    //filtro
    FILTER(
        //la funzione ALL evita l'applicazione di qualsiasi
        filtro di contesto
        ALL(Sales),
        AND(
          RELATED('Country Tax'[Country]) = "Germany",
          RELATED(Product[Product]) = "Tower"
        )
    )
)
```

098.   Creare una colonna o una misura in cui un filtro
contestuale influisce solo su un campo specifico
Modellazione > nuova misura

```
Total sales per selected month =
//il filtro agisce solo su un campo
//creiamo una variabile
VAR totalSales =
SUM(Sales[ Sales])

RETURN

CALCULATE(
```

```
        totalSales,
        //ALLSELECTED rimuove i filtri contestuali di
        colonna e di riga dalla query in corso, tranne che
        per la tabella [colonna] che contiene
        ALLSELECTED(Calendar[Month])
)
```

099. Creare una colonna o una misura in cui "N" filtri di contesto influiscono solo su "N" campi specifici

Modellazione > nuova misura

```
Percent of total per country and product =
//filtri che agiscono su più campi
VAR totalSales =
SUM(Sales[ Sales])

RETURN

CALCULATE(
        //espressione
        totalSales,
        //filtro
        ALLSELECTED(Product[Product]),
        ALLSELECTED('Country Tax'[Country])
)
```

100. Creare una colonna o una misura filtrata da N tabelle

Modellazione > nuova misura

```
Sales Hardware (1) =
//risultato è un risultato che soddisfa le condizioni di un
filtro appartenente alla stessa tabella e di un secondo
filtro appartenente a una seconda tabella
```

```
CALCULATE(
    //espressione
    SUM(Sales[ Sales]),
    //filtro
    FILTER(
        //tabella
        Sales,
        //filtro
            AND(
                Sales[Units Sold] > 1000 ,
                //filtrare una colonna di una tabella
                correlata
                RELATED(Category[Category])="Hardware"
            )
    )
)
```

101. Calcolo della misura cumulativa (1)

Modellazione > nuova misura

```
Cumulative Sales (1) =
//calcolare una misura cumulativa
//espressione,filtro
CALCULATE(
        //espressione
        SUM ( Sales[ Sales] ),
        //filtro
        FILTER (
        //la funzione ALL impedisce che venga influenzata
        dai filtri contestuali
        ALL ( Sales ),
        Sales[Date] <= MAX ( Sales[Date])
        )
)
```

102. Calcolo della misura cumulativa (2)

Modellazione > nuova misura

```
Cumulative Sales (2) =
//calcolare una misura cumulativa
//espressione,filtro
CALCULATE(
        //espressione
        SUM(Sales[ Sales]),
        //è influenzato solo dal filtro contestuale `Year`
        FILTER(
                ALLEXCEPT(Sales, 'Calendar'[year]),
                Sales[Date]<=MAX(Sales[Date])
        )
)
```

103. Calcolo del numero di righe uniche

STEP 1
Strumenti tabella > nuova colonna

```
Text String =
//crea una colonna che combina i valori di più colonne
//delimitatore, tabla1[columna1],
tabla1[columna2],..,tabla1[columnaN]
COMBINEVALUES(
        ",",
            Sales[Country],
            Sales[Category],
            Sales[Product]
            )
```

STEP 2
Modellazione > nuova misura

Unique values per row =
DISTINCTCOUNT(Sales[Text String])

104. Tabella delle righe con valori unici
Strumenti tabella > nuova tabella

Single rows =
VALUES(Sales[Text String])

105. Calcolo del numero di valori ripetuti in una colonna
Modellazione > nuova misura

Repeated countries =
//conta il numero di volte in cui i paesi sono ripetuti
COUNT(Sales[Country]) - DISTINCTCOUNT(Sales[Country])

106. Calcolo del numero di volte in cui un valore specifico in una colonna è ripetuto
Modellazione > nuova misura

Repeated countries (Canada) =
//contare il numero di volte che viene ripetuto "Canada"
CALCULATE(
        //espressione
        COUNT(Sales[Country]) –
        DISTINCTCOUNT(Sales[Country]),
        //filtro
        Sales[Country]="Canada"
)

107. Numero di volte che una condizione è soddisfatta (1)

Modellazione > nuova misura

```
Number of sales of a product -MOUSE (1) =
//conta il numero di volte in cui un valore appare nel testo
//non influenzato dai filtri contestuali
CALCULATE(
        //espressione
        COUNTAX (
                //tabella
                ALL ( Sales ),
                //espressione
                Sales[Product]
        ),
        //filtro
        Sales[Product]="Mouse"
)
```

108. Numero di volte che una condizione è soddisfatta (2)

Modellazione > nuova misura

```
Number of sales of a product -MOUSE (1) =
//conta il numero di volte in cui un valore appare nel testo
//se si è influenzati dai filtri contestuali
CALCULATE(
        //expression
        COUNTAX (
                //tabella
                Sales,
                //espressione
                Sales[Product]
        ),
        //filtro
```

```
        Sales[Product]="Mouse"
)
```

109. Numero di volte che una condizione è soddisfatta (3)

Modellazione > nuova misura

```
Number of sales <10k =
//conta il numero di volte in cui viene visualizzato un
valore numerico
//se si è influenzati dai filtri contestuali

CALCULATE(
        //espressione
        COUNTX(
                //tabella
                Sales,
                //espressione
                Sales[ Sales]
        ),
        //filtro
        FILTER(Sales, Sales[ Sales]<10000)
)
```

110. Numero di volte che una condizione è soddisfatta (4)

Modellazione > nuova misura

```
Number of sales <10k (2) =
//conta il numero di volte in cui viene visualizzato un
valore numerico
//non influenzato dai filtri contestuali
CALCULATE(
        //espressione
```

```
COUNTX(
        //tabella
        ALL(Sales),
        //espressione
        Sales[ Sales]
    ),
    //filtro
    FILTER(Sales, Sales[ Sales]<10000)
)
```

111. Trovare una riga contenente i valori specificati
Modellazione > nuova misura

```
Row containing the values =
//cercare una riga nella tabella "Localization" contenente i
valori specificati
//la misura dà i seguenti risultati TRUE or FALSE
//tabella,columna_1,columna_2,columna_3..
CONTAINSROW(Localization,"Germany","Berlin")
```

112. Trova una colonna contenente i valori specificati
Modellazione > nuova misura

```
Sales to Italy =
//la misura dà i seguenti risultati TRUE or FALSE
CONTAINS(Sales, Sales[Country],"Italy")
```

113. Condizione: INFERIORE A

```
Calculated_Column =
IF(
        //condizione
        Sales[ Sales]<10000,
```

```
//risultato se la condizione è soddisfatta
TRUE(),
//risultato se la condizione non è soddisfatta
FALSE()
)
```

114. Condizione: MAGGIORE DI

```
Calculated_Column =
IF(
        //condizione
        Sales[ Sales]>10000,
        //risultato se la condizione è soddisfatta
        TRUE(),
        //risultato se la condizione non è soddisfatta
        FALSE()
)
```

115. Condizione: DIVERSO DA

```
Calculated_Column =
IF(
        //condizione
        Sales[Product]<>"Netop V10",
        //risultato se la condizione è soddisfatta
        TRUE(),
        //risultato se la condizione non è soddisfatta
        FALSE()
)
```

116. Condizione: AND (1)

```
Calculated_Column =
```

```
IF(
        //condizione
        Sales[Country]="Canada"  &&
        Sales[Sector]="Midmarket" ,
        //risultato se la condizione è soddisfatta
        TRUE(),
        //risultato se la condizione non è soddisfatta
        FALSE()
)
```

117. Condizione: AND (2)

```
Calculated_Column =
IF(
        //condizione
        AND(
                Sales[Country]="Canada" ,
                Sales[Sector]="Midmarket"
        ),
        //risultato se la condizione è soddisfatta
        TRUE(),
        //risultato se la condizione non è soddisfatta
        FALSE()
)
```

118. Condizione: OR (1)

```
Calculated_Column =
IF(
        //condizione
        Sales[Country]="Canada" ||
        Sales[Sector]="Midmarket",
        //risultato se la condizione è soddisfatta
        TRUE(),
        //risultato se la condizione non è soddisfatta
```

```markdown
        FALSE()
)


## 119.  Condizione: OR (2)

Calculated_Column =
IF(
        //condizione
        OR(
            Sales[Country]="Canada",
            Sales[Sector]="Midmarket"
        ),
        //risultato se la condizione è soddisfatta
        TRUE(),
        //risultato se la condizione non è soddisfatta
        FALSE()
)


## 120.  Condizione: MENO O UGUALE

Calculated_Column =
IF(
        //condizione
        Sales[ Sales]<=10000,
        //risultato se la condizione è soddisfatta
        TRUE(),
        //risultato se la condizione non è soddisfatta
        FALSE()
)


## 121. Condizione: MAGGIORE O PARI

Calculated_Column =
```

```
IF(
        //condizione
        Sales[ Sales]>=10000,
        //risultato se la condizione è soddisfatta
        TRUE(),
        //risultato se la condizione non è soddisfatta
        FALSE()
)
```


122. Condizione: TRA

```
Number of sales between 100 and 1000 units =
//espressione: tra due valori (quantità, date,...)
CALCULATE (
        //espressione
        COUNTROWS(Sales),
        //filtro
        FILTER (
                //tabella
                Sales,
                //filtro
                AND(
                        Sales[Units Sold] > 100 ,
                        Sales[Units Sold] < 1000
                )
        )
)
```


123. Condizione: INCLUSO

```
Product sold (1) =
CALCULATE (
    //espressione
    SUM ( Sales[ Sales] ),
    //filtro
```

```
//l'espressione viene calcolata per ogni riga che
contiene uno dei tre prodotti
FILTER(
    //tabella
    Sales,
    //filtro
    Sales[Product] IN { "Mouse", "Keyboard", "Paper"}
    )
)
```

124. Condizione: NON INCLUSO

```
Product sold (2) =
CALCULATE (
    //espressione
    SUM ( Sales[ Sales] ),
    //filtro
    //l'espressione viene calcolata per ogni riga che NON
    contiene nessuno dei tre prodotti
    FILTER(
        //tabella
        Sales,
        //filtro
        NOT(Sales[Product]) IN { "Mouse", "Keyboard",
        "Paper" }
        )
)
```

125. Condizione: NO

```
Sales target =
//ritorni TRUE or FALSE
NOT ( Sales[ Sales] < 10000 )
```

126. Condizione: SE

Strumenti tabella > nuova colonna

```
Discounts (2) =
IF (
        //condizione: campo vacio de tabla[columna]
        especificado
        Sales[Discounts]>1000 ,
        //risultato positivo specificato da noi
        "HIGH",
        //risultato negativo specificato da noi
        "LOW"
)
```

127. Condizione: SE ERRORE

```
Applied discount =
//nel caso in cui la precondizione NON sia soddisfatta il
valore risultante è definito da noi
IFERROR(
        //espressione
        DIVIDE(Sales[COGS], Sales[Discounts]),
        //risultato definito da noi in caso di espressione di
        errore
        BLANK()
)
```

128. Condizione: CAMPO SE VUOTO

Strumenti tabella > nuova colonna

```
Discounts (1) =
//se un campo è vuoto, si applica il risultato positivo,
//se un campo NON è vuoto, si applica il risultato negativo
IF(
```

        //condizione: campo vacio de tabla[columna]
        especificado
        ISBLANK(Sales[Discounts]),
        //risultato positivo specificato da noi
        "not applied",
        //risultato negativo specificato da noi
        "applied"
)

129. Condizione: CAMPO NON VUOTO
Strumenti tabella > nuova colonna

Discounts (1) =
//se un campo è vuoto, si applica il risultato positivo,
//se un campo NON è vuoto, si applica il risultato negativo
IF(
        //condizione: campo vacio de tabla[columna]
        especificado
        NOT(ISBLANK(Sales[Discounts]))),
        //risultato positivo specificato da noi
        "not applied",
        //risultato negativo specificato da noi
        "applied"
)

130. Primo valore che soddisfa una condizione (1)
Modellazione > nuova misura

Total discounts per salesman =
FIRSTNONBLANKVALUE(
        //colonna
        Sales[Salesman],
        //espressione
        SUM(Sales[Discounts])
)

131. Primo valore che soddisfa una condizione (2)

Modellazione > nuova misura

```
First sale =
FIRSTNONBLANK (
        //colonna
        Sales[Salesman],
        //espressione
        CALCULATE(SUM(Sales[Discounts]))
)
```

132. Ultimo valore che soddisfa una condizione (1)

Modellazione > nuova misura

```
Last sale =
LASTNONBLANK (
        //colonna
        Sales[Salesman],
        //espressione
        CALCULATE(SUM(Sales[Discounts]))
)
```

133. Ultimo valore che soddisfa una condizione (2)

Modellazione > nuova misura

```
Total discounts per salesman =
LASTNONBLANKVALUE(
        //colonna
        Sales[Salesman],
        //espressione
        SUM(Sales[Discounts])
)
```

134. Primo valore che soddisfa più di una condizione (1)

Modellazione > nuova misura

```
First purchase amount per customer -Canada 2016  =
CALCULATE (
        //expression
        FIRSTNONBLANKVALUE (
                //colonna
                Sales[Sector],
                //espressione
                SUM ( Sales[ Sales] )
        ),
        //filtro
        FILTER (
                //la funzione ALL evita l'applicazione di
                qualsiasi filtro di contesto
                //tabella
                ALL ( Sales ),
                //filtro
                AND (
                    Sales[Country] = "Canada",
                    //filtrare attraverso una colonna di una
                    tabella correlata
                    RELATED('Calendar'[year]) = 2016
                    )
            )
)
```

135. Primo valore che soddisfa più di una condizione (2)

Modellazione > nuova misura

```
First purchase amount per customer in Midmarket Sector
-Canada 2016  =
```

```
CALCULATE (
        //expression
        FIRSTNONBLANKVALUE (
                //colonna
                Sales[Sector],
                //expression
                SUM ( Sales[ Sales] )
        ),
        //filtro
        FILTER (
            //non influisce sui filtri contestuali
            //tabella
            ALL ( Sales ),
            //filtro
            AND (
              Sales[Country] = "Canada",
              //filtrare una colonna di una tabella correlata
              RELATED ( 'Calendar'[year] ) = 2016
            )
        ),
        FILTER (
            //tabella
            Sector,
            //filtro
            Sector[Sector] = "Midmarket"
        )
)
```

136. Ultimo valore che soddisfa più di una condizione (1)

Modellazione > nuova misura

```
Last purchase amount per customer -Canada 2016  =
CALCULATE (
        //expression
        LASTNONBLANKVALUE (
```

```
                //colonna
                Sales[Sector],
                //espressione
                SUM ( Sales[ Sales] )
        ),
        FILTER (
                //non influisce sui filtri contestuali
                //tabella
                ALL ( Sales ),
                //espressione
                AND (
                        Sales[Country] = "Canada",
                        // filtrare attraverso una colonna
                        di una tabella correlata
                        RELATED('Calendar'[year]) = 2016
                )
        )
)
```

137. Ultimo valore che soddisfa più di una condizione (2)

Modellazione > nuova misura

```
Last purchase amount per customer in Midmarket Sector -
Canada 2016  =
CALCULATE (
        //espressione
        LASTNONBLANKVALUE (
                //colonna
                Sales[Sector],
                //espressione
                SUM ( Sales[ Sales] )
        ),
        FILTER (
                //non influisce sui filtri contestuali
                //tabella
```

```
		ALL ( Sales ),
		//filtro
		AND (
				Sales[Country] = "Canada",
				// filtrare attraverso una colonna di
				una tabella correlata
				RELATED ( 'Calendar'[year] ) = 2016
		)
	),
	FILTER (
		//tabella
		Sector,
		//filtro
		Sector[Sector] = "Midmarket"
	)
)
```

138. Calcolare una misura ignorando i campi vuoti

Modellazione > nuova misura

```
Salesmans total sales =
//scartare le vendite in cui il campo "Discounts" rimane
vuoto
CALCULATE(
	//espressione
	SUM( Sales [Sales]),
	//filtro
	FILTER(
		//table
		Sales,
		//filtro
		NOT ISBLANK(Sales[Discounts])
	)
)
```

139. Calcolare una misura ignorando i campi
contenenti un valore specifico
Modellazione > nuova misura

Total Sales -not Canada =
//la misura non tiene conto nel calcolo dei valori
corrispondenti a "Canada"
CALCULATE(
        //espressione
        SUM(Sales [Sales]),
        //filtro
        FILTER(
                //tabella
                Sales,
                //filtro
                Sales[Country] <> "Canada"
)
)

140. Sostituire un valore con un altro
Strumenti tabella > nuova colonna

Continent =
//sostituire un valore con un altro in una nuova colonna
SWITCH (
        TRUE (),
        'Country Tax'[Country] = "Canada", "American",
        'Country Tax'[Country] = "Germany", "European",
        'Country Tax'[Country] = "France", "European",
        'Country Tax'[Country] = "Mexico", "American",
        'Country Tax'[Country] = "USA", "American",
        'Country Tax'[Country] = "UK", "European",
        //e se non è nessuno dei precedenti, lasciare il
        campo vuoto
        BLANK ()

)

141. Trova un testo specifico all'interno di una stringa di testo (1)

Strumenti tabella > nuova colonna

```
FIND "John" =
//ricerca la posizione (contando da sinistra) della prima
occorrenza di un carattere
//o di una stringa di testo all'interno di una stringa di
testo.
//È sensibile alle maiuscole e alle minuscole.
IFERROR(
    FIND("John",
    Salesman[Salesman]),
    BLANK()
)
```

142. Trova un testo specifico all'interno di una stringa di testo (2)

Strumenti tabella > nuova colonna

```
SEARCH "John" =
//ricerca la posizione (contando da sinistra) della prima
occorrenza di un carattere
//o di una stringa di testo all'interno di una stringa di
testo.
//NON è sensibile alle maiuscole.
IFERROR(
        SEARCH("John",
        Salesman[Salesman]),
        BLANK()
)
```

143. Rendere il testo minuscolo
Strumenti tabella > nuova colonna

```
Lowercase text =
//sposta il testo in minuscolo
LOWER(Salesman[Salesman])
```

144. Rendere il testo maiuscolo
Strumenti tabella > nuova colonna

```
Uppercase text =
//sposta il testo in maiuscolo
UPPER(Salesman[Salesman])
```

145. Estrarre il testo da una stringa di testo
Strumenti tabella > nuova colonna

```
Extract text =
//estrarre una stringa di testo
//testo, posizione_iniziale, numero_caratteri
MID(Salesman[Salesman], 3, 2)
```

146. Cercare il testo all'interno di una stringa di testo ed estrarlo
Strumenti tabella > nuova colonna

```
Search and Extract =
//ricerca ed estrazione di testo all'interno di una stringa di
testo
IFERROR(
        //espressione da soddisfare
        MID(
                Salesman[Salesman],
```

```
            SEARCH("John", Salesman[Salesman]),
            2
    ),
    //risultato in caso di non conformità
    BLANK()
)
```

147. Sostituire un valore in una stringa di testo con un altro valore in una stringa di testo

Strumenti tabella > nuova colonna

```
Replace text string (1) =
//cancella una stringa di 2 caratteri a partire dalla
posizione 3
//e la sostituisce con un singolo carattere
REPLACE( Salesman[Salesman], 3, 2, "_")
```

148. Trovare e sostituire un valore in una stringa di testo con un altro valore in una stringa di testo

Strumenti tabella > nuova colonna

```
Replace text string (2) =
//ricerca e rimuove una stringa e la sostituisce con
un'altra stringa
IFERROR(
    //espressione da soddisfare
    REPLACE(
            Salesman[Salesman],
            SEARCH("h",Salesman[Salesman]), 2, "_"
    ),
    //risultato in caso di non conformità
    BLANK()
)
```

149. Inserire un valore all'interno di una stringa di testo
Strumenti tabella > nuova colonna

Insert text string (1) =
//inserisce una stringa di testo nella posizione specificata
senza cancellare nulla
//per questo usiamo il valore 0
REPLACE(Salesman[Salesman], 3, 0, "_")

150. Inserire un valore all'inizio di una stringa di testo
Strumenti tabella > nuova colonna

InsertInsert text string (2) =
//inserisce una stringa all'inizio del testo senza cancellare
nulla
REPLACE(Salesman[Salesman], 1, 0, "_")

151. Inserire un valore alla fine di una stringa di testo
Strumenti tabella > nuova colonna

Insert text string (3) =
//inserisce una stringa di testo alla fine della stringa senza
cancellare nulla
//il valore 100 rappresenta una lunghezza di campo non
superata dal contenuto dei campi della colonna
REPLACE(Salesman[Salesman], 100, 1, "_")

152. Estrarre il testo da una stringa di testo (1)
Strumenti tabella > nuova colonna

Extract text from right =
//estrae un numero di caratteri da destra a sinistra

//tabella[colonna];numero_di_caratteri
RIGHT(Salesman[Salesman],4)

153. Estrarre il testo da una stringa di testo (2)
Strumenti tabella > nuova colonna

Extract text from left =
//estrarre un numero di caratteri da sinistra a destra
//tabella[colonna];numero_di_caratteri
LEFT(Salesman[Salesman],4)

154. Sostituire uno o N caratteri con altri caratteri
Strumenti tabella > nuova colonna

Replace blanks =
//sostituire gli spazi vuoti con "_".
//tabella[colonna]; vecchio_testo; nuovo_testo
SUBSTITUTE(Salesman[Salesman]," ","_")

155. Rimuovere gli spazi bianchi dal testo e inserire un singolo spazio tra ogni parola
Strumenti tabella > nuova colonna

Remove blanks =
//sostituisce gli spazi bianchi nel testo con un singolo spazio bianco tra ogni parola
TRIM(Salesman[Salesman])

156. Ricerca di testo. Insensibile alle maiuscole e minuscole (1)
Strumenti tabella > nuova colonna

Search "owe" =
//NON è sensibile alle maiuscole
//il simbolo "?" rappresenta qualsiasi carattere, ad es.:
"Tower" si adatta alla ricerca
//tabella[colonna],testo_da_ricercare
CONTAINSSTRING(Product[Product],"?owe?")

157. Ricerca di testo. Insensibile alle maiuscole e minuscole (2)

Strumenti tabella > nuova colonna

Search "owe" =
//NON è sensibile alle maiuscole
//il simbolo "*" rappresenta un qualsiasi insieme di
caratteri, ad es.: "Tower" e "Power BI" si adatta alla
ricerca
//tabella[colonna],testo_da_ricercare
CONTAINSSTRING(Product[Product],"*owe*")

158. Ricerca di testo. Ricerca di testo sensibile alle maiuscole .

Strumenti tabella > nuova colonna

Search "Power" =
//È sensibile alle maiuscole e alle minuscole
//tabella[colonna],testo_da_ricercare
CONTAINSSTRINGEXACT(Product[Product],"Power")

159. Concatena le colonne (1)

Strumenti tabella > nuova colonna

Join Localization and Province (1) =
//unisce i valori di colonne diverse

```
CONCATENATE(
        Localization[Country],
        Localization[Province]
)
```

160. Concatena le colonne (2)
Strumenti tabella > nuova colonna

Join Localization and Province (2) =
//utilizziamo "&" per il collegamento di due o più colonne
con un separatore
//il separatore è specificato tra virgolette
Localization[Country]&","&Localization[Province]

161. Concatena le colonne (3)
Strumenti tabella > nuova colonna

Join country, category and product =
//concatena più di due campi per riga utilizzando un
separatore
COMBINEVALUES(
        //delimitatore
        ",",
        //tabella1[colonna1]
        Sales[Country],
        //tabella1[colonna2],..,
        Sales[Category],
        //tabella1[colonnaN]
        Sales[Product]
)

162. Visualizza su una scheda un'espressione che produce più di un valore.

Modellazione > nuova misura

```
Ranked Products -view on card =
//creiamo una variabile
VAR salesPerProduct =
SUMMARIZE (
        //tabella
        Sales,
        //colonna
        Sales[Product],
        //colonna calcolata
        "totalSales", SUM ( Sales[ Sales] )
)

RETURN

//tabella o espressione che restituisce una tabella,
//la funzione , è solo un esempio, si può sostituire con
qualsiasi altra funzione
CONCATENATEX(
        TOPN (
                3,
                salesPerProduct,
                [totalSales]
        ),
        Sales[Product],
        ", "
)
```

163. Calcolo di una % dai totali (1)

Strumenti tabella > nuova colonna

```
Gross profit (1) =
```

//restituisce un numero intero come risultato
//risultati NULL li sostituisce con 0
QUOTIENT(Sales[Sales],Sales[COGS])

164. Calcolo di una % dai totali (2)
Strumenti tabella > nuova colonna

Gross profit (2) =
//percentuale di margine lordo sulle vendite
//mette come risultato un numero decimale
//risultati NULL li sostituisce con 0
DIVIDE(Sales[COGS],Sales[Sales])

165. Calcolo di una % dai totali (3)
Modellazione > nuova misura

Gross profit (3) =
//restituisce un numero intero come risultato
//risultati NULL li sostituisce con 0
VAR totalSales = SUM(Sales[Sales])
VAR totalCOGS = SUM(Sales[COGS])
RETURN
DIVIDE(totalCOGS,totalSales)

166. Calcolo di una % dai totali (4)
Strumenti tabella > nuova colonna

Gross profit (4) =
//specifica il numero di cifre decimali pari a 2
//percentuale di margine lordo sulle vendite
//mette come risultato un numero decimale
//risultati NULL li sostituisce con 0
ROUND(DIVIDE(Sales[COGS],Sales[Sales]),2)

167. Calcolo del valore massimo per categoria

Modellazione > nuova misura

```
Last ID sale per Category =
//ultimo record di vendite per categoria
MAXX(
        //table
        Sales,
        //expression
        Sales[Sales ID]
)
```

168. Calcolare il valore minimo per categoria

Modellazione > nuova misura

```
First ID sale per Category =
/primo record di vendita per categoria
MINX(
        //valore filtrato
        Sales,
        //espressione
        Sales[Sales ID]
)
```

169. Selezionare una misura da un elenco

STEP 1
Modellazione > nuova misura
//crea N misure separate, in questo caso due
AverageS = AVERAGE(Sales[Sales])
TotalS = SUM(Sales[Sales])

STEP 2
Home > inserimento dati

//creiamo una nuova tabella e la chiamiamo "Measure" e
la sua colonna "Calculation"
//nella colonna "Calculation" aggiungiamo altri due record
"averageSale" e "totalSale"
//questa tabella viene utilizzata in un "slicer"

STEP 3
Modellazione > nuova misura
//questa misura può essere utilizzata in un "grafico,
matrice, tabella".
//rappresenterà l'opzione selezionata nel campo slicer
Calculation type =
SWITCH(
        SELECTEDVALUE(Measure[Calculation]),
        //nome della colonna, espressione
        "averageSale", [AverageS],
        //nome della colonna, espressione
        "totalSale", [TotalS],
        //resto
        ""

)

170. Valore di un campo tra due date
Modellazione > nuova misura

Sales from 01/05/2013 to 30/05/2014 =
//valore di un campo all'interno di un intervallo di date
CALCULATE(
        //espressione
        SUM(Sales[Sales]),
        //filtro
        DATESBETWEEN(
                //tabella
                Calendar[Date],
                //data iniziale
                DATE(2013,05,01),

```
                        //data finale
                        DATE(2014,05,30)
        )
)
```

171. Calcolo del valore di una misura da una data fino a N unità di tempo

Modellazione > nuova misura

```
SalesSales last 15 days =
CALCULATE(
        //expression
        SUM(Sales[ Sales]),
        //filtro
        DATESINPERIOD(
                //tabella
                'Calendar'[Date],
                //data di origine
                TODAY(),
                //periodo
                -14,DAY
        )
)
```

172. Calcolo del valore di una misura da una data fino a N unità di tempo (2)

Strumenti tabella > nuova colonna

```
Sales last 40 days =
//espressione, filtro
CALCULATE(
        SUM(Sales[ Sales]),
        FILTER(
                //table
```

```
        ALL('Calendar'),
        //filtro
        Calendar[Date]>=TODAY()-40 &&
        Calendar[Date]<TODAY()
    )
)
```

173. Calcola il valore di una misura dall'inizio del mese all'ultima data del contesto corrente

Modellazione > nuova misura

```
Current month sales =
//esegue un'espressione dal primo giorno del mese
CORRENTE fino ad oggi
//la misura viene azzerata all'inizio di ogni mese
TOTALMTD(
        //espressione
        SUM(Sales[ Sales]),
        //tabella
        'Calendar'[Date]
)
```

174. Calcolo del valore di una misura dall'inizio del trimestre all'ultima data del contesto attuale

Modellazione > nuova misura

```
Current quarter sales =
//esegue un'espressione dal primo giorno del trimestre
ATTUALE fino ad oggi
//la misura viene azzerata all'inizio di ogni trimestre
TOTALQTD(
        //espressione
        SUM(Sales[ Sales]),
        //table
        'Calendar'[Date]
)
```

175. Calcolo del valore di una misura dall'inizio dell'anno all'ultima data del contesto attuale
Modellazione > nuova misura

```
Current year sales (1)=
//esegue un'espressione dal primo giorno dell'anno in
corso ad oggi
//la misura viene azzerata all'inizio di ogni anno
TOTALYTD(
        //espressione
        SUM(Sales[ Sales]),
        //tabella
        'Calendar'[Date]
)
```

176. Calcolo di una misura nel giorno corrente
Modellazione > nuova misura

```
Sales today =
//calcolo di un'espressione con valore al giorno corrente
CALCULATE(
        //expression
        SUM(Sales[ Sales]),
        //filtro
        Sales[Date] = TODAY()
)
```

177. Calcolo della differenza di tempo tra due date
Modellazione > nuova misura

```
Days per sent =
//differenza di tempo tra due date
DATEDIFF(Sales[Date2],Sales[Date],DAY)
```

178. Media

Modellazione > nuova misura

```
Average sales =
//importo medio delle vendite
AVERAGE(Sales[ Sales])
```

179. Somma condizionale

Modellazione > nuova misura

```
Sales on Germany =
//aggiunge i valori se soddisfano una condizione
SUMX(
        //tabella
        FILTER(
                //tabella
                Sales,
                //filtro
                Sales[Country]="Germany"
        ),
        //espressione
        Sales[ Sales]
)
```

180. Prodotto condizionale

Modellazione > nuova misura

```
Total Product Tax =
PRODUCTX(
        //moltiplica tutti i valori di una colonna che
        soddisfano una o più condizioni
        'Country Tax',
        'Country Tax'[Tax]
)
```

Glossario

ADDCOLUMNS (001,008)
ALL (030,031,033,034,036,037,043,044,050,088,089,09,..)
ALLEXCEPT (102)
ALLNOBLANKROW (044)
ALLSELECTED (089,098,099)
AND (024,034,073,077,078,080,081,096,097,100,116,1,..)
AVERAGE (005,006,007,008,169,178)
AVERAGEX (013,014,015,016,017,053)
BLANK (023,024,026,027,038,039,044,045,046,048,070,..)
CALCULATE (028,029,030,031,032,033,036,038,039,042,..)
CALCULATETABLE (006,009,010,052,053,060,080,087)
CALENDAR (001)
CEILING (067)
COALESCE (093)
COMBINEVALUES (103,161)
CONCATENATE (159)
CONCATENATEX (091,162)
CONTAINS (112)
CONTAINSROW (111)
CONTAINSSTRING (156,157)
CONTAINSSTRINGEXACT (158)
COUNT (034,045,105,106)
COUNTAX (107,108)
COUNTBLANK (046)
COUNTROWS (013,014,015,042,043,047,048,053,122)
COUNTX (037,109,110)
CROSSFILTER (038)
CURRENTGROUP (56)
DATE (170)
DATESBETWEEN (170)
DATESINPERIOD (171)
DISTINCT (003,004)
DISTINCTCOUNT (035,041,103,105,106)
DISTINCTCOUNTNOBLANK (038,039)
DIVIDE (162,165,166)

EARLIER (047,048)
EXACT (057,058,61)
EXCEPT (059,060)
FILTER (006,034,037,043,047,048,053,077,080,091,096,..)
FILTERS (084)
FIND (141)
FIRSTNONBLANKVALUE (130)
FLOOR (066)
FORMAT (001)
GROUPBY (056)
HASONEVALUE (088,089)
IF (023,024,026,027,048,081,088,089,090,091,113,114,,..)
IFERROR (127,141,142,146,148)
IN (123)
INT (068)
INTERSECT (060)
ISBLANK (044,093,127,128,137)
ISINSCOPE (089)
LASTNONBLANK (131,137)
LASTNONBLANKVALUE (132,138)
LEFT (153)
LOOKUPVALUE (012,024,025,026,076)
LOWER (143)
MAX (030,101,103)
MAXX (013,014,015,052,075,167)
MID (145,146)
MIN (001)
MINX (013,014,015,052,168)
MONTH (001)
NOT (044,123,124,128,137)
OR (117,118)
PRODUCTX (180)
QUARTER (001)
RANKX (087,088,089)
RELATED (029,076,077,134,136)
RELATEDTABLE (016,017)
REPLACE(146,147,148,149,150)

RIGHT (151)
ROLLUP (005,006,007)
ROLLUPADDISSUBTOTAL (053)
ROLLUPGROUP (054)
ROUND (064,165)
ROUNDDOWN (063)
ROUNDUP (062)
ROW (018)
SAMPLE (078)
SEARCH (141,145,147)
SELECTCOLUMNS (011,012,016,017)
SELECTEDVALUE (071,092,093,168)
SUBSTITUTE (153)
SUM (011,012,013,018,027,030,048,050,052,069,070,..)
SUMMARIZE (005,006,007,039,040,050,051,052,074,..)
SUMMARIZECOLUMNS (013,014,015)
SUMX (055,076,179)
SWITCH (001,080,081,082,139,168)
TODAY (001,170,175,176)
TOPN (084,086,090,161)
TOTALMTD (172)
TOTALQTD (173)
TOTALYTD (174)
TREATAS (38,59)
TRUNC (68)
UPPER (143)
USERELATIONSHIP (091)
VALUES (060,069,070)
YEAR (001)

www.ingramcontent.com/pod-product-compliance
Lightning Source LLC
Chambersburg PA
CBHW061502250726
48657CB00005B/1696